AF562967

51

Lb 2850.

182

LETTRES

AUX ÉLECTEURS DE 1839.

PREMIÈRE LETTRE.

DES CIRCULAIRES, DES MANIFESTES, ET DES CANDIDATURES ÉLECTORALES.

> Vous, disent les 213 aux 221, vous êtes des hommes de cour, des favoris, des partisans de la paix à tout prix, etc, etc. Vous, répondent les 221 aux 213, vous portez en vous la guerre au-dehors, le désordre et l'anarchie au-dedans; pour vous, couvrir la couronne comme vous l'entendez, c'est supprimer la royauté de fait, pour en faire moins qu'une abstraction, etc, etc. (*Lettre inédite du même*).

ANGERS,

IMPRIMERIE DE LAUNAY-GAGNOT, RUE SAINT-LAUD.

1839.

Lb51/2819.

Ne nous étant jamais enquis sous l'influence de quels intérêts, de quels opinions, et de quels noms tels ou tels journaux de la localité étaient régis et administrés ; et n'en ayant, quoiqu'on en ait dit, jamais rédigé, ni participé à la rédaction d'aucuns ; nous avons le plus souvent adressé à tous, jusqu'à refus intentionnel et réitéré, les articles que nous avons publiés, constamment et toujours aussi dans l'intérêt général et public du pays et des principes, sans acception aucune de couleur, ou de parti quelconque, la presse nous semblant à nous autre chose, qu'un intrument égoïste et passionné de monopole ou d'ambition. Ainsi le *Journal de Maine et Loire* et la *Gazette d'Anjou* ; le *Journal d'Angers* et son homonyme actuel le *Courrier de Maine et Loire*, ont tour à tour ou simultanément, selon leurs intérêts, leurs choix, ou leur bon plaisir, répété les mêmes ou différents articles, avec une obligeance et une libéralité plus ou moins indépendante et plus ou moins soutenue, qui les honore d'ailleurs.

Par suite de la mort prématurée du jeune et infortuné Guilbault, le journal ayant changé de mains, de titre et de direction, et comme nous continuions toujours l'envoi et la succession d'articles commencés, on crut devoir nous prévenir que les nouveaux propriétaires de ce journal étant MM.***, cela serait peut-être appelé à changer la nature de nos intentions ou de nos idées. Nous répondîmes alors comme toujours, que notre unique but étant de servir et de défendre en tout et pour tout, la liberté, l'indépendance et la vérité avant toute chose, ainsi que les intérêts de notre pays et de nos concitoyens ; peu nous importait quels étaient les propriétaires d'un journal dont en tout état de choses, le but était sans aucun doute, le même que le nôtre, et que par conséquent, nous poursuivrions notre œuvre légale et consciencieuse en en prenant toutes fois et toujours l'entière et complète responsabilité, jusqu'à ce qu'on se refusât à se rendre les organes de ce qu'en tout temps, nous avions considéré, nous comme un devoir ; publier ce qu'on croit bon et utile.

Aujourd'hui et à l'occasion des élections, circonstance importante et grave où au lieu d'être égoïste et partiale, la presse qui sait comprendre la dignité de sa mission et la responsabilité qui pèse sur elle, devrait se faire un devoir, au contraire, d'être avant tout un organe et une tribune pour tous, aussi indépendante qu'impartiale ; le *Courrier de Maine et Loire*, qui accueillit long-temps et avec empressement nos publications, nous refuse aujourd'hui l'insertion d'un article dont nous entendions bien assumer toute la responsabilité. Si nous publions ce fait, c'est moins pour nous plaindre que pour faire connaître et juger le plan et les moyens qui s'ourdissent et se préparent de tous les côtés à l'occasion de la grande bataille électorale. Par l'accession ou l'exclusion de tels ou tels principes, de telles ou telles publications, on pourra facilement juger le fond des choses, ainsi que l'esprit et les tendances de chacun des candidats qui se présentent ; et si, par hasard, quelques-uns étaient encore tentés de jouer ce jeu double, ainsi qu'à faire encore du juste-milieu et de la doctrine dans des circonstances et en face d'évènements où les positions, les opinions et les tendances doivent être si nettement, si positivement, si franchement et si loyalement tranchées, que de telles candidatures soient à l'unanimité écartées et flétries, comme elles méritent de l'être, par tous les électeurs.

Dans la situation où un pareil incident nous a placé, nous prions les lecteurs de vouloir bien nous pardonner les incorrections et les imperfections de style qui ne peuvent pas manquer d'avoir échappé à la rapidité d'une rédaction, qui était destinée à la forme d'une publication quotidienne.

Voici dans quels termes le refus d'insertion a été formulé, écrit au crayon à la fin de notre premier article manuscrit :

« Le petit format de notre journal ne comporte pas d'articles aussi » longs que celui-ci. Nous ignorons d'ailleurs si les articles qui doivent » suivre seront de nature à être insérés dans notre feuille. Déjà M. » Hunault en a publiés dont *les doctrines juraient étrangement avec les* » *doctrines qui y sont habituellement émises et soutenues*. Le propriétaire » chargé de veiller sur la rédaction du journal, n'est pas d'avis de » l'insertion. »

Nous ne ferons ici qu'une petite réflexion sur les doctrines émises et soutenues par le *Courrier de Maine et Loire*. Nous n'y avons jamais vu d'articles de fonds et de principes appartenant à des doctrines quelconques excepté les nôtres, dont on n'a plus besoin en ce moment à ce qu'il paraît. Toute la rédaction du *Courrier de Maine et Loire* consiste entièrement et chacun peut le voir, à emprunter à tous les journaux indifféremment et à en extraire des articles d'opposition purement ministérielle.

Docteur Hunault.

Angers, 15 février 1839.

DES CIRCULAIRES, DES MANIFESTES, ET DES CANDIDATURES ÉLECTORALES.

Dans la situation présente des hommes et des choses, il nous a semblé absolument indispensable de discuter et de commenter avec un esprit complètement exempt de tout engagement de parti, de tout intérêt personnel, de tout précédent quelconque, avec la plus entière indépendance, la plus absolue liberté de pensée et d'action, les deux importants manifestes électoraux de MM. Thiers et Guizot. Ces deux documents sont en effet et jusqu'ici à eux seuls, concurremment avec les manifestes incessamment publiés par tous les organes ministériels, des publications dont la gravité et le retentissement peuvent influer plus ou moins directement sur les résultats électoraux, et conséquemment sur les évènements qui doivent s'en suivre.

Quant à nous, nous nous trouvions pour ainsi dire, d'autant plus obligé à nous livrer à cette enquête, que nous avions considéré dès l'origine la direction et la marche imprimées à la discussion de l'adresse par MM. Thiers et Guizot, comme devant être à la fois et en définitive, funestes à la coalition ainsi qu'au but qu'elle se proposait. Ce que nous en avons dit et prouvé jusqu'ici, ne nous semble rien moins que propre à nous désabuser à cet égard. Car chacun a pu voir, ainsi que nous, quelle ambiguité, quel vague, quelle diffusion règnent dans les circulaires de ces deux anciens conseillers de la couronne. Chacun a pu voir encore, comment pour éviter de prendre des engagements positifs quelconques sur les questions les plus actuelles et les plus urgentes, on s'applique toujours et ainsi qu'à la chambre, à ramener toutes ces questions sur le terrain plus large et plus élastique des généralités, les considérant presque exclusivement du point de vue d'une politique inabordable et transcendante, dans laquelle on se complaît comme par le passé, nous la promettant et nous en menaçant, pour ainsi dire, encore pour le présent et pour l'avenir. Du reste, et nous ne pouvons trop le redire et le répéter ; des intérêts moraux et matériels de la France, de ses besoins les plus actuels, des souffrances et des misères de son agriculture, de son commerce, de son industrie, pas un mot ; de l'immoralité profonde, de la corruption et de l'agiotage, qui portent partout le désordre, la ruine et le désespoir au milieu de tous les intérêts, et qui nous conduisent évidemment à une catastrophe sociale et financière inévitable, pas davantage. Relativement à toutes ces choses, pas un souvenir, pas un espoir, pas une crainte même, pas un remède direct et contingent à proposer.

En résumé et pour nous, ces deux manifestes ne sont l'un, qu'un long et verbeux traité de politique transcendante, véritable manifeste de cabinet et de chancellerie, à l'usage de la diplomatie et de ceux qui la gouvernent, s'adressant plus, en un mot, à la couronne qu'au pays. L'autre, un cours didactique et dogmatique de tactique parlementaire, pensé, écrit et rédigé sous l'influence de cette impassible et froide *raison*, de cette habileté réfléchie, profonde, et sophistique, qui pour mieux se posséder et se garder, s'applique avant tout, à échapper à toute analyse, ainsi qu'à toute application trop directe. Le premier, plus pétulant, plus acerbe, plus menaçant, et se posant avec l'intention formelle de prendre le pouvoir parlementairement et de haute lutte ; le second plus maître de soi et se possédant mieux, capitule, compose, parlemente, pour ne pas moins vous en dépouiller il est vrai ; mais plus honnêtement et plus poliment il faut en convenir. Ainsi donc et comme on le voit, entre MM. Thiers et Guizot, rêvant selon nous le retour d'un parlement absolu, dictatorial, et constituant même à l'occasion, véritable oligarchie ayant pour instrument une majorité sinon individuellement, au moins élémentairement identique à celle qui les servit si docilement ; et ayant alors aussi tous les autres pouvoirs et la nation pour esclaves ; et MM. Molé et Montalivet, qu'on accuse eux de vouloir le despotisme royal et l'aristocratie de cour, il n'y a de place pour le peuple et la France que dans le choix de la servitude et des oppresseurs. C'est en vain à nos yeux, que MM. Thiers et Guizot se servent dans leurs discours des mots de monarchie représentative, de gouvernement constitutionnel et parlementaire, puisque d'une part ni les conséquences qu'ils en tirent, ni les applications qu'ils en proposent aujourd'hui ne prouvent leurs nouvelles sympathies pour des institutions qu'hier encore ils s'efforçaient de combattre et d'annihiler de tout leur pouvoir. Que ces Messieurs s'expliquent du reste d'une manière claire et catégorique, qu'ils disent oui ou non si le fond de leur pensée n'est pas de ressaisir encore et de ramener par leurs efforts et leurs combinaisons parlementaires, cet odieux et machiavélique instrument de despotisme légal qui nous a conduit où nous sommes maintenant arrivés. Ou si voulant sortir avec nous du cercle vicieux où ils nous ont, il faut le dire, si étroitement et si traîtreusement renfermés, ils répudient enfin leurs doctrines et leurs actes passés pour rentrer franchement aussi dans les voies larges et libérales d'une réforme dont tous les efforts tendent à s'assurer des réalités du gouvernement représentatif? Plus de détours, plus de subterfuges, plus d'escobarderies aujourd'hui! A quoi servirait d'invoquer toujours la révolution, quand on s'est mis dans l'impossibilité même d'invoquer la charte de 1830! A quoi servirait d'appeler à tout venant l'alliance anglaise, peu patriotique invocation, en présence des faits de politique étrangère dont la France est dupe et victime partout avec cette alliance! La présidence du conseil serait-elle plus nationale dans les mains de lord Palmerston, que dans celles du comte d'Appony? Pour nous, il existe ici une bien plus noble et bien plus légitime ambition, c'est d'être ministre pour la France et par la France. Allons MM. Thiers et Guizot, plus d'ambages, plus de diplomatie, plus de doctrinarisme électoral, êtes-vous pour nous ou contre nous? voulez-vous comme nous l'ordre, la paix, la liberté, l'indépendance politique et nationale, la diminution des charges et des impôts, le droit commun, la renonciation à tout monopole et à tout privilège, fut-il même électoral ou universitaire, parlez alors, et les votes des électeurs indépendants vous sont acquis à vous et aux vôtres? Mais si vous rêvez encore votre parlement souverain et constituant, véritable droit divin parlementaire d'une nouvelle espèce, qui ne tendrait rien moins qu'à substituer à un seul souverain, 430 petits roitelets qui se seraient arrangés de manière à ne relever et à ne dépendre de rien et de personne, pas même de la puissance du vœu national qu'on invoque contre ses égaux en droits après avoir mis la nation et tous les autres pouvoirs dans leur dépendance; si vous tenez toujours à maintenir et à conserver une oligarchie électorale, destinée à vous assurer, ainsi qu'à elle, le monopole des trésors, des emplois, et

BIBLIOTHÈQUE ROYALE

de tous les avantages de l'état au détriment de tous les autres, sans craindre de vous trouver encore plus étroitement et plus cruellement traités et baillonnés par elle, que vous ne l'êtes aujourd'hui; bien obligé merci, plus de votes, plus d'auxiliaires, plus d'appuis pour vous dans les rangs de ceux qui ont toujours défendu la liberté sans jamais désespérer d'elle, bien qu'elle soit chaque jour encore, trahie par ses propres enfants, et par ceux qui lui doivent le plus.

Les électeurs sont donc ainsi bien et dûment prévenus que trois ordres de candidats vont leur être présentés : 1° les candidats des 221, autrement dits candidats ministériels et de la cour, qui, il le faut avouer, sont également bien ici les candidats constitutionnels pour la forme au moins, sinon pour le fond.

2° Les candidats des 213, divisés en partisans du gouvernement représentatif, et partisans du gouvernement parlementaire.

Nous avons dit des premiers qu'ils étaient bien évidemment et bien logiquement les candidats constitutionnels, parce qu'ils sont incontestablement dans la vérité de la charte de 1830 et de ses conséquences; sauf les lois d'exception que leurs adversaires, les parlementaires constituants leur ont précisément faites et dont ils se servent aujourd'hui contre eux, et malheureusement contre nous.

Quant aux seconds, nous les divisons en partisans du gouvernement représentatif, et partisans du gouvernement parlementaire. Les premiers se composent, en effet, des véritables 213 et en comprennent le plus grand nombre. Ils veulent toutes les conséquences possibles de ce gouvernement, en tant que compatibles avec l'ordre, la paix et l'économie. La composition hétérogène et l'assemblage contradictoire des opinions et des intérêts qu'ils représentent et qu'on leur reproche, est précisément ce qui constitue selon nous, l'essence et la prééminence logique et rationnelle du gouvernement représentatif, qui a conséquemment pour but de faire représenter, entendre et prévaloir près de la couronne, les systèmes et les doctrines propres à les satisfaire et à les concilier.

C'est bien évidemment ici la représentation et l'organe des états généraux sous sa forme et sous sa personnification la plus actuelle. C'est donc précisément aussi pour cela qu'on peut dire qu'il y a altération, interversion ou perversion de la constitution, puisque sa forme électorale a toujours donné pour résultat la minorité aux intérêts qui devraient avoir la majorité; et la majorité à ceux que, quant à nous, nous ne voulons nullement exclure, mais qui ne devraient exister dans la chambre et sous un véritable régime représentatif, qu'en très-petite minorité. Quant à ceux de cette coalition que nous désignons sous le nom de parlementaires, nous concevons peu, à part la question d'usurpation de pouvoir, la position et les principes sur lesquels ils se fondent. S'ils entendent par gouvernement parlementaire, l'omnipotence souveraine et absolue de la Chambre des députés, ils sortent des bornes de la charte constitutionnelle qu'eux-mêmes ont faite, contrat réciproque et synallagmatique, en vertu duquel la révolution et le pouvoir constituant ont nécessairement abdiqué le jour où furent établis et reconnus avec des droits égaux, ayant chacun leurs limites, la pondération des deux autres pouvoirs constitués aux-mêmes titres, le tout sans faire retour vers la monarchie représentative. Ils ne sont donc ni avec les 221 ni avec les 213, se posant arbitrairement dans cette situation fausse et précaire d'un gouvernement fondé d'après une constitution dont la lettre est morte, et dont l'esprit et l'action ne se révèlent que par des lois d'exception qu'on crée au jour le jour, et dont on use et l'on abuse, jusqu'à ce qu'elles vous échappent ou vous tuent. Tel est ce système auquel nous avons vu que quelques hommes tant anciens que nouveaux, non-seulement n'avaient pas renoncé, mais aspiraient encore, et auquel faisaient plus qu'allusion, selon nous, les deux manifestes de MM. Thiers et Guizot. Rien de plus facile, du reste, à ces Messieurs de nous prouver que nous avons tort, rien de plus facile encore que de simplifier cette situation à ambiguité réciproque : c'est de donner un mandat commun à tous les candidats des 213, de telle sorte que ni électeurs, ni candidats ne puissent prétexter un jour de leur ignorance ou de leur bonne foi, en arguant alors de tels ou tels manifestes, ou de telles ou telles circulaires.

Un mot sur les destitutions et les sévices ministériels. En principe, personne plus que nous, et chacun le sait, ne répudie et n'a stigmatisé avec plus de persistance et d'énergie toutes les infâmes et dégoûtantes manœuvres de corruption et d'immoralité qui viennent chaque jour pervertir et dénaturer cet antique esprit d'honneur et de loyauté,qui caractérisa et honora si long-temps, la noble et chevaleresque nationalité française. Mais en fait, de quel droit les victimes d'aujourd'hui viennent-elles se plaindre de ce qu'elles-mêmes firent peut-être hier. Certes personne de nous n'a oublié la fameuse curée de 1830 à laquelle participèrent très-certainement un grand nombre de ceux qui récriminent le plus haut, et qui en portent encore le sceau réprobateur sur le front. Tout cela est, du reste, le fruit et la conséquence des systèmes et des doctrines politiques, qu'on a soi-même posées et mises en pratique. Si donc ainsi que nous, on veut la réforme de ces abus révoltants et de tant d'autres ; et si tous ces cris, toutes ces vociférations n'ont pas pour causes l'envie et l'espérance de ressaisir un jour la proie qu'ils regrettent et qui leur échappe, qu'ils nous aident donc à en finir avec eux.

C'est un singulier spectacle, en effet, que la situation embarrassée et embarrassante des plus grands et des plus habiles auteurs de nos institutions politiques actuelles ; tous sont pour ainsi dire, à bout de voies, et acculés dans un impasse, d'où ni leur sagesse, ni leur raison, ni leurs positions élevées, ni leurs violences, ni leurs passions ne peuvent parvenir à les tirer. Cela se voit partout, en haut comme en bas, dans les petites comme dans les grandes choses, on ne s'entend plus, on ne se comprend plus, les mots semblent n'avoir plus de significations et les hommes et les faits ne plus rassurer les principes. Cela se voit par conséquent et de la sorte, chez nous aussi bien qu'ailleurs, et c'est précisément ce qui a lieu au sujet de la circulaire électorale de M. Larévellière, candidat d'Angers *extrà muros*.

Tout le monde est donc inquiet, mécontent du présent et peu rassuré quant à l'avenir ; tout le monde ressent et éprouve ce malaise, cette instabilité, cette incertitude de situation, ces angoisses cruelles et pénibles qui remettent chaque jour votre position sociale et votre existence même en question. Quand nous disons tout le monde, l'expression est malheureusement trop juste et trop véritable ; c'est tout le monde en effet, depuis le haut de l'échelle sociale et politique, jusqu'en bas ; depuis la couronne, jusqu'au dernier de ses sujets, allions-nous dire, jusqu'au dernier des citoyens, ce qui est mieux dit. Le tout en passant par les plus hautes dignités, les plus hautes fonctions, l'armée, la judicature, toutes les places administratives et salariées, et à plus forte raison jusqu'aux contribuables et aux prolétaires. Eh! dirons-nous à tous, si loin d'alléger vos maux et les charges qui vous accablent, vous avez vu les systèmes suivis, les aggraver non-seulement de plus en plus, mais encore s'y briser et s'y anéantir les hommes et les instruments les plus robustes, les plus éminents et les plus capables ; vous voyez donc bien que le système est mauvais, puisqu'il conduit incessamment à l'abîme et les hommes et les choses elles-mêmes ; invoquez-donc tous la réforme, et tous vous y trouverez indépendance, sécurité et garanties.

La réforme en rendant plus large et plus nationale la puissance parlementaire, permettra de son côté à la couronne plus de puissance et de stabilité ; tous les autres pouvoirs pourront aussi, en éprouvant cette impulsion et ce mouvement, en recevoir chacun plus de garanties et de sécurité à leur tour, cela se conçoit de reste. Et ce qu'on ne peut pas espérer d'institutions pondérées ainsi de manière à se faire à tout instant échec et mat, ou plus dangereusement encore à solliciter et amener des collisions et des luttes incessantes, le gouvernement véritablement représentatif qui doit résulter de la réforme, nous le donnera et nous l'assurera enfin pour le bonheur et la prospérité de la France. Toute combinaison sociale a en somme sa solution, puisqu'elle a ses principes et ses éléments évidents et appréciables ; pour tous les esprits élevés et indépendants de l'époque, pour tous les intérêts qui s'expriment, ainsi que pour ceux qui ne s'expriment pas ou n'osent s'exprimer, la réforme électorale est le but et le moyen. Que tous les mandats électoraux s'appliquent donc à en demander et à en formuler rigoureusement les conditions, qu'on en exige la promesse formelle de la part des candidats, et une fois arrivée à la chambre, une fois obtenue, toutes les difficultés se résoudront successivement et d'elles-mêmes.

BIBLIOTHEQUE ROYALE
I

1381

LETTRES

AUX ÉLECTEURS DE 1839.

DEUXIÈME LETTRE.

DES CIRCULAIRES, DES MANIFESTES, ET DES CANDIDATURES ÉLECTORALES.

Ne semblerait-il pas vraiment que hors ces MM. et leurs systèmes ; hors ces MM. et leurs doctrines ; hors ces MM. et leur Cour, et leurs intrigues, et leurs corruptions, et leurs portefeuilles, et leur budget et leur omnipotence, il ne reste plus en France qu'un servile et misérable troupeau de plus de 32 millions d'hommes imposables et corvéables à merci ?
(Lettre inédite du même.)

ANGERS,

IMPRIMERIE DE LAUNAY-GAGNOT, RUE SAINT-LAUD.

1839.

2

Si aujourd'hui nous croyons pouvoir prendre date en disant que les idées que nous livrons ici à la publicité remontent à la première quinzaine de février, c'est moins pour en revendiquer le mérite, si mérite il y a ; que pour prouver, ce qui se verra de reste, que nous ne marchons à la suite ni sous l'influence de quelqu'opinion que ce soit, ne croyant devoir relever sous ce rapport que de notre conscience et de nos faibles lumières. Bien donc qu'avant comme après les publications que nous avons cru devoir faire, nous nous soyons parfois rencontré sur certains points, tantôt avec les uns, tantôt avec les autres; on verra d'autre part que selon nous et les évènements ; ils ont aussi et tour à tour, tantôt tort et tantôt raison. Il n'appartient en effet qu'à la plus haute sagesse, à une sagesse plus qu'humaine d'avoir toujours raison ici bas, ce qu'on peut faire de mieux, c'est d'en approcher autant que possible ; quant aux partis et aux opinions même les plus déraisonnables, il ne peuvent eux avoir toujours tort, et tort en tout, sans quoi ils ne pourraient exister un moment comme tels.

Il est cependant à ce sujet des erreurs capitales et sur lesquelles on vit long-temps grâce soit à son habileté, soit à la fascination, soit aux influences plus positives et plus directes encore que l'on exerce autour de soi, dont il importe à certaines époques importantes, au temps ainsi qu'à l'histoire, et à la conscience publique de faire en définitive bonne et entière justice. Au nombre de ces erreurs, pour ne rien dire de plus, et de ces déceptions dont on a tiré d'ailleurs bon et ample parti, sont ces assertions vingt fois reproduites et par vingt opinions ministérielles différentes, ayant toute la prétention bien ou mal fondée, la créance plus ou moins sincère, ainsi que l'intention bien arrêtée sans doute, de suivre et de continuer le système politique adopté par Casimir Périer. Si ce n'est un mensonge et une fausseté insignes, c'est du moins il faut le dire, une erreur bien singulière et bien inexplicable, de la part de ceux qui l'ont exercée ainsi que de la part de ceux qui l'ont accueillie et soutenue pendant si long-temps. Tous certes n'ont pas eu ici pour excuse et leur incapacité et leur défaut de lumières, et cependant un grand nombre d'illuminés osent encore le répéter avec une apparence de crédulité et de bonne foi qui en impose à quelques-uns. Voyez pourtant la grossière imposture, Casimir Périer a toujours dit et répété que la charte constitutionnelle de 1830 suffisait à tout pour sauver la France tant au dedans qu'au dehors, qu'il s'en sentait lui avec elle seule, et la force et la puissance, et qu'il en avait une telle conviction que sa main se dessécherait plutôt que de signer jamais une loi arbitraire, une loi inconstitutionnelle, ou une loi d'exception quelconque. Ce qu'il a dit, il l'a fait. Est-ce aussi ce qu'ont fait ses successeurs et ses prétendus continuateurs? Est-ce ce qu'ont fait MM. Thiers et Guizot et leurs majorités, nous vous le demandons? Est-ce aujourd'hui même ce qu'ils promettent de faire pour l'avenir, en s'engageant à effacer de leurs propres mains ces lois d'exception existantes, qu'eux-même ont proposées, soutenues et signées? Non, ils n'en disent pas un mot, et M. Odilon Barrot guère plus qu'eux. Qui donc, chose à peine croyable, qui s'est le mieux pénétré de l'esprit, de la lettre, et de la sincérité du système de Périer? Qui donc a défendu la liberté contre le despotisme légal ou ministériel toujours renaissant et toujours envahissant? la partie saine de la coalition, les oppositions diverses, et peu nous importe dans quel but on le leur impute, tant il est vrai toujours, que si Périer vivait encore, ce serait là qu'il irait assurément planter son drapeau, sans demander à chacun qui êtes-vous et d'où venez-vous, mais que voulez-vous? Et plutôt que de gouverner par l'arbitraire et les lois d'exceptions, par l'anarchie politique et gouvernementale, croyez-le bien il se fut plutôt spontanément uni et des premiers, aux partisans de la réforme électorale et des libertés publiques. Ces idées allaient mieux à sa taille, à son courage, à sa grande âme, ainsi qu'aux inspirations et aux sympathies de sa vie tout entière, et c'est ce que quant à nous du moins, nous aurions plus d'une raison pour le croire et l'affirmer. Nous en sommes donc fâché pour ses frères, mais circonvenus, mais entraînés par les événements et les circonstances, ils ont failli en aidant au despotisme parlementaire dont nous payons en ce moment les fautes et les conséquences. Ils reviennent à résipiscence, puisse ce retour être franc, sincère et durable, et ne pas les rallier malgré eux encore à ces nouvelles tendances, ainsi qu'à ces déviations, que nous voudrions voir plus clairement et plus positivement reniées et démenties, qu'elles ne le sont en ce moment.

La constitution d'une nation dont l'existence remonte ainsi que celle de notre belle France à des siècles, ne descend point, qu'on le sache bien, de haut en bas selon le caprice ou le besoin d'ambitieux, d'intrigants ou d'insensés, empressés de constituer plus ou moins habilement un fait acquis par la violence, la force ou la trahison. La constitution d'une nation dont l'origine est, pour ainsi dire immémoriale, remonte au contraire de bas en haut, résultant comme droit imprescriptible et conséquences logiques des lois anciennes et nouvelles, des habitudes, des mœurs, des droits acquis et d'une foule d'autres conditions dont la monarchie représentative doit seulement constater, consacrer et représenter le fait, pour le formuler, au moyen de ses organes, dans l'intérêt et pour le bonheur de tous et non de quelques-uns.

Telles sont, selon nous, les règles et les bases du véritable gouvernement représentatif, tel que tout le monde aujourd'hui le comprend et le désire, pétitions et mandats le disent de reste, c'est donc à la coalition à bien comprendre à son tour le vœu de la puissance nationale. Dans toute sa signification puissante, ainsi que dans toute sa réalité nationale. Au point où nous en sommes, tout peut encore s'arranger et s'obtenir par les voies légales et constitutionnelles; demain peut-être si l'opposition et la résistance étaient ou malveillantes ou oppressives, la réaction deviendrait alors aussi plus violente et plus terrible. Avisez donc, électeurs, et vous aussi députés! la presse a cru devoir garder chez nous un silence inexplicable, sur tout ce qui concerne la réforme électorale, sa marche, son développement, ainsi que sur les innombrables pétitions et pétitionnaires qui de tous les points de la France, excepté de chez nous seuls peut-être, de tous les rangs, de tous les états, de toutes les professions et du sein de cette bonne et pacifique garde nationale affluaient encore à la chambre au moment où elle a été dissoute. Ce silence incompréhensible our nous, nous devons le dire, est coupable en tout point; car si les journau e Paris et des autres départements ne nous eussent éclairés, nos concito ns eussent absolument ignoré jusqu'au jour de la publicité légale, que plus de cent mille citoyens français, nos amis et nos frères, élèvent en ce moment la voix en faveur de la réforme électorale. Le devoir de la presse est de ne trahir, ni de tromper soit directement, soit indirectement. Elle doit tout dire et tout faire connaître ce qui intéresse surtout le pays et les institutions. Elle devait donc parler de la réforme, pour la combattre, si elle lui semblait dangereuse et menaçante pour le pays; l'appuyer et la provoquer, au contraire, si elle lui semblait bonne et utile. Tel était son devoir, et nous le disons à regret, elle y a manqué chez nous. Qu'elle répare donc sa faute, il en est temps encore!

Angers, 15 février 1839.

DES CIRCULAIRES, DES MANIFESTES, ET DES CANDIDATURES ÉLECTORALES.

D'après les considérations que renferme notre première lettre, ainsi que les développements que nous avons donnés, rien de plus facile aujourd'hui pour les électeurs que de faire l'application, non de nos idées, car ici ce ne sont point les nôtres, mais bien des conséquences résultant évidemment des faits et gestes passés et présents, ainsi que des paroles et des discours des éminents personnages que nous avons cru devoir mettre complètement en scène pour le plus grand enseignement et pour la gouverne de tous. D'après ces choses et ainsi qu'on a pu le voir, nous n'excluons nulle individualité, pour nous celles-ci ne sont rien, et les principes sont tout. L'histoire en effet nous démontre plus aujourd'hui que jamais, l'instabilité et la mobilité grandes et malheureusement si promptes et si subites, de ceux qu'on envisageait comme des modèles, comme des types mêmes de fixité et d'immuabilité. Que faire donc autre chose en présence de tant de mécomptes et de déconvenues; au milieu de cette Babel, sans cesse renaissante, de promesses, de langage, de principes, des hommes et des choses de nos jours? de ces partis inconstants et fragiles, de ces coteries ambitieuses et frénétiques dont tout le plan et tout le but sont de se détruire, de se renverser, de se succéder les uns les autres, sans trop songer d'autre part aux intérêts et aux maux de la patrie. Que faire autre chose, disions-nous, sinon de leur donner à tous, quels qu'ils soient, de ces mandats précis et indissolubles dont on peut s'affranchir, il est vrai, l'histoire est encore là pour nous le dire, plus d'une fois impunément sans doute, mais dont on le pourrait plus difficilement peut-être aujourd'hui que jamais, sans courir les risques de recevoir plutôt qu'on ne le pense le terrible et rigoureux châtiment de sa trahison et de sa félonie, le déshonneur et l'infamie !

Ainsi donc et nous le répétons, quant à nous nous n'avons l'intention de ne répudier et de ne proscrire personne quelque nom qu'il porte, de quelque parti qu'il soit ; puisque l'on veut bien croire que quelques-uns soient venus à résipiscence, il le faut croire pour tous, sous peine de partialité et d'injustice. Mais s'appelât-on Thiers ou Guizot, Berryer ou Odilon Barrot, et raison de plus même ; nous leur imposerions à tous un semblable mandat. On voit donc, et sous ce rapport, qu'il y a plus qu'imprudence et témérité de la part d'électeurs quelconques de recevoir ainsi sous la seule garantie de noms ou de notabilités telles quelles, des candidatures quelles qu'elles soient et de les accepter sans autres garanties et sans autres formalités : une pareille confiance, une dépendance aussi soumise, serait appelée servile si elle venait d'autre part, et ne mériterait peut-être pas d'autre nom ailleurs, si l'on ne savait quelles sont les intentions qui dirigent en pareil cas. Il n'en est pas moins vrai, et nous disons cela précisément pour les électeurs de Saumur, qu'il y aurait inconséquence et imprévoyance de leur part à accepter sans autres sûretés aucunes que sa circulaire ou celles tout aussi peu positives et tout aussi peu concluantes de MM. tels ou tels, la candidature de M. Treilhard, tandis que les Saumurois ont chez eux et au milieu d'eux plus d'un digne et capable citoyen, qui se ferait gloire et honneur d'accepter et de remplir le mandat de défendre envers et contre tous les intérêts et les opinions du pays.

Les choses ainsi posées et comprises, les électeurs de tous les arrondissements électoraux de Maine et Loire, devront s'ils veulent faire de bons choix et obtenir enfin la réforme des abus dont tout le monde souffre, et des charges dont tout le monde est écrasé, exiger des candidats les mêmes promesses et les mêmes formalités. La tâche du plus grand nombre de nos arrondissements sera du reste facile sous ce rapport, puisqu'ils auront à réélire ceux des 213 qui ont déjà tenu et accompli le mandat qu'ils avaient reçu, ou qu'ils s'étaient eux-mêmes imposé. Mais il faut le dire aussi, tous les 213 ne sont pas pour nous des organes aussi incontestablement vrais et sincères, une personnification aussi loyale, aussi franche et aussi éminente de la coalition, que quelques-uns voudraient bien le dire ou le persuader. Ceux dont on parle le plus aujourd'hui, et l'on pourrait presque dire ceux que l'on désigne exclusivement comme ses chefs, en disant l'adresse *Thiers-Guizot*, quand ils ne furent en réalité rien moins que tels; quand ils ne furent que les orateurs improvisés, les partisans d'un jour, d'une coalition qui portait bien autrement en elle et avant cette nouvelle apostasie, les éléments et toutes les conséquences non du gouvernement parlementaire à la manière dont ces MM. l'entendent, mais soit du gouvernement représentatif pris d'un point de vue plus élevé et plus national, soit des conséquences posées et promises par la charte constitutionnelle de 1830 ; ces prétendus chefs de la coalition, disions-nous, MM. Thiers et Guizot ont déjà, dans leurs manifestes récents, fait un véritable pas rétrograde, tel que le faisaient en même temps et sous nos yeux mêmes, certains journaux et certains individus influents qui naguère et il y a quelques jours encore, allaient eux non-seulement aussi loin, mais beaucoup plus loin encore que les organes les plus avancés de la coalition. Le manifeste même de M. Odilon Barrot aux électeurs de Chauny, ne nous semble pas exempt de ce retour fâcheux auquel on voit se livrer successivement les hommes et les partis à mesure qu'ils croient avancer de plus en plus vers le pouvoir. Ce document, moins que les deux autres peut-être, mais bien évidemment et bien visiblement est en deça des principes et des opinions connues et professées depuis long-temps et tout naguère encore par ce membre influent de la coalition. Il se renferme aussi lui dans de vagues et insignifiantes paroles, gardant toute sa faconde et toute sa force de dialectique pour la question ministérielle, à seules fins de prouver qu'avec lui nous n'aurions pas la guerre, qu'on nous estimerait, qu'on nous respecterait et qu'on nous craindrait incontestablement bien davantage, si lui ou MM. Thiers et Guizot étaient au pouvoir, bien qu'on sut d'ailleurs à l'étranger, que plus que les autres ils la craignent et ne la peuvent ni ne la veulent. Ainsi donc et nous ne pouvons trop le redire et le répéter, les choses en sont arrivées à ce point que ce serait une duperie et une déception sans pareilles, que de croire et d'agir sous la foi de paroles aussi vagues et aussi peu concluantes. Qu'on se rappelle bien ce que nous disons ici, tous ceux qui voteront ou qui se porteront candidats en disant adopter la ligne politique prétendue, tracée par les circulaires et les manifestes en question, ne promettront rien et ne s'engageront à rien pour les intérêts, pour la liberté, et pour l'indépendance du pays. Qui vous dira même que la plupart de ces grands dissentiments, de ces apparentes hostilités, ne sont pas de ces comédies préparées et arrangées de longue main, pour profiter à vos dépens de tous les avantages et de tous les bénéfices de la coalition, et vous escamoter les bienfaits que vous en attendez au profit de quelqu'autre, ainsi qu'on vous escamota dans le temps toutes les conséquences de la révolution de 1830? La chose serait-elle si impossible? tant de gens ont déjà fait leurs preuves en ce sens! Au fait, on aimerait beaucoup mieux dans tout état de choses, et à la Cour plus qu'ailleurs, soyez-en bien convaincus, voir le mouvement parlementaire faire tomber encore une fois le pouvoir dans les mains de MM. Thiers et Guizot avec qui l'on sait depuis long-temps, comment l'on peut et l'on doit s'accommoder; que dans les mains des anciens chefs des oppositions. Leur position ici est donc fausse et par cela même doit être suspecte; ce baptême de persécution et d'injures même dont on les entoure, ne serait alors dans cette hypothèse, que plus propre encore à les purifier aux yeux de la coalition en les poussant d'autant plus dans l'opinion et la faveur de ceux surtout, qui ne demandent pas mieux que de trouver sur leur route l'un de ces tempéraments qui concilient tout, en faisant d'autre part tout espérer. Quant à nous et en présence de toutes ces incertitudes, de ces marches et contre-marches plus ou moins ambiguës et inexplicables, nous ne concevons pour seule et unique garantie que le mandat, et nous adjurons les électeurs libéraux et indépendants à ne pas s'en départir, sans quoi ils ne tarderont pas à reconnaître qu'on les a trompés.

La question électorale se trouve chez nous de la sorte, et ainsi que nous l'avons dit plus haut, très-simplifiée pour tous, électeurs et candidats. En effet, quatre de nos députés sur sept ont voté pour les 213, il ne s'agira plus que de leur demander s'ils entendent le gouvernement représentatif selon la réforme et selon la charte constitutionnelle de 1830 avec toutes ses promesses et ses conséquences; ou bien selon et d'après ce gouvernement parlementaire qui ne tenant aucun compte de la représentation nationale et des lois inscrites dans la charte ne procède que par lois arbitraires et exceptionnelles ainsi qu'on nous l'a fait et donné depuis la révolution de juillet, et qui s'ils ne les préconisent ostensiblement dans leurs circulaires actuelles ne les répudient pas du moins assez clairement et assez complètement MM. Thiers et Guizot, les plus grands et pour ainsi dire les seuls fauteurs de ce funeste système. Cette situation une fois éclaircie par mandats ou promesses plus ou moins officielles, MM. Farran, Robineau, Dutier et Tessié de la Motte, devront tout naturellement être réélus. Une autre candidature se présente à Angers, M. Augustin Giraud se remet sur les rangs. Nous avons dit dans le temps ce qu'eussent dû faire les habitants d'Angers pour venger leur magistrat brutalement destitué, lorsqu'on frappait alors en lui l'homme politique dans l'homme municipal; on ne l'a pas fait et l'on a eu tort. On en aurait un autre aujourd'ui selon nous, non moins grave de légèreté, d'inconsistance et d'ingratitude, si maintenant que M. Farran a bien et loyalement rempli son mandat, on lui préférait M. Giraud, même à mandat égal.

M. Victorin Larevellière se fait à son tour pour la candidature *extra-muros* d'Angers, le concurrent de M. Robineau qui de son côté lui aussi, a bien rempli son mandat. La question doit donc être jugée de la même manière, mais nous devons dire que c'est à tort et en faussant plus ou moins sciemment la lettre et l'esprit de la circulaire aux électeurs, de M. Victorin Larevellière, qu'on l'a ainsi rangé dans le parti ministériel, tandis que pour nous au contraire, ses principes nous semblent empreints non-seulement d'une sage et loyale indépendance, mais encore d'une logique constitutionnelle plus fondée que celle de ses adversaires.

Quant aux trois autres arrondissements de Cholet, Segré et Saumur, de nouveaux candidats indépendants se trouveront là et pour la première fois, en face des candidats des 221. Il n'y a encore là qu'une manière de trancher clairement la question, c'est le mandat.

Du reste et nous devons le dire en terminant et sans aucune arrière-pensée, mais seulement pour éclairer complètement la situation : les 221, et les 213 appartenant aux anciennes oppositions, ainsi que les jeunes et nouveaux éléments introduits dans la chambre aux élections dernières et votant avec elles, députés nouveaux, il faut le dire, qui ont tant contribué par leur sagesse, par leur modération, par leurs lumières ainsi que par leur force d'inertie et par une défiance si légitime et si bien fondée d'ailleurs des hommes et des choses passées; ces 213 et ces 221 disions-nous, sont plus conséquents et plus logiques que les prétendus parlementaires à la façon de 1830, tel que l'ont appliqué et ne pourraient s'empêcher de l'interpréter et de l'appliquer encore MM. Thiers et Guizot, s'ils revenaient jamais au pouvoir. La différence entre les 213 et les 221, c'est que les premiers veulent toutes les conséquences du gouvernement représentatif par et selon la charte et les moyens parlementaires, tandis que les 221 eux envisagent cette dernière d'un point de vue plus exclusivement monarchique et, en prenant leur point de départ, du *statu quo*, et des choses acquises actuelles. Il n'y a donc bien en réalité que deux espèces de candidats, ceux des 213 et ceux des 221, entre lesquels voudrait d'autre part, et ainsi que dans l'adresse, s'en glisser un troisième pour déplacer la question, en les faisant transiger de nouveau à son profit les uns ou les autres; c'est encore là comme par le passé toujours de la doctrine. Espépérons qu'aujourd'hui personne ne s'y laissera prendre.

On reproche bien du reste à M. Molé et avec assez juste raison les paroles qu'il a écrites dans un livre oublié depuis long-temps: que la corruption est l'instrument obligé du gouvernement constitutionnel. Mais M. Guizot n'a-t-il pas dit lui que la crainte et la terreur, que l'intimidation en un mot, était le seul moyen de gouvernement? Et ne l'a-t-il pas fait légaliser et mettre en pratique? M. Thiers n'a t-il pas dit de son côté que si ce n'était pas assez de passer la Manche, il passerait l'Atlantique. Qu'après être allé chercher sa constitution en Angleterre, il l'irait chercher en Amérique? Il est déjà allé en Angleterre, est-ce qu'il voudrait aujourd'hui tenter d'aller jusques aux États-Unis? Dans l'intérêt de quoi et de qui cette nouvelle république? Lafayette n'y était-il pas allé aussi lui, et que nous en est-il advenu? M. Odilon Barrot enfin n'a-t-il pas proclamé à son tour que la révolution de juillet vous demanderait un jour votre dernier homme et votre dernier écu? Qu'est-ce que tout cela prouve et a prouvé? Qu'on ne savait pas alors ce qu'on voulait, et qu'aujourd'hui on ne sait guère mieux peut-être ce que l'on veut encore, si ce n'est toujours et partout monter et parvenir, à quelque prix que ce soit fusse même au prix du repos et du bonheur de la France!

Quel remède à tant de maux déjà faits et prêts à se reproduire ainsi, tant que les mêmes causes en subsisteront. La réforme électorale ou l'intervention nationale, attendu qu'on ne peut dans cet état ni corrompre, ni asservir, ni tromper tout le monde à la fois. Si les électeurs n'y avisent par leurs choix et leurs mandats, de deux choses l'une, ou le gouvernement de cour, ou le gouvernement parlementaire l'emporteront tôt ou tard au détriment des libertés publiques et des intérêts nationaux de toute sorte. Ou le parlement sera peuplé des commensaux, des favoris et officiers du château, ou l'oligarchie parlementaire disciplinée et conduite par MM. Thiers et Guizot, usurpant à la fois et comme par le passé les droits et les prérogatives de la nation, de la couronne et de la chambre des pairs, disposera ainsi de son plein pouvoir, et de par son omnipotence constituante et absolue, de la fortune et des destinées de l'état sans reconnaître d'autre pouvoir au-dessus du sien que celui d'un prétendu corps électoral, véritable fiction, véritable déception qui renferment dans un cercle vicieux des causes et des effets arrangés et combinés de manière, à ne reproduire qu'en eux et pour eux, tous les résultats et tous les avantages de la force et de la puissance gouvernementale.

Oui, tout cela est bien entendu, bien arrangé pour tous les temps faciles de réussite et de succès ; mais viennent les temps mauvais et difficiles, qui assurera votre retraite ? sur qui pourriez-vous alors vous appuyer ? votre phalange gouvernementale sera la première à crier le *sauve qui peut*, et la réforme alors qui se trouve aujourd'hui exclue et mise à l'index marchant à la tête de son innombrable et pacifique armée nationale, mise en mouvement et gouvernée par son droit et sa puissance municipale, qui déjà elle et plus d'une fois a fait entendre inutilement et ses plaintes et ses griefs, s'empareront de toutes parts et sans résistance d'un pouvoir abandonné et livré ainsi sans prévoyance, au désordre et à l'anarchie. Qu'on y réfléchisse donc, il en est temps encore, tout peut se faire par les voies légales et parlementaires, plus tard qui sait ?

Mais qu'on y prenne bien garde, c'est en vain qu'on voudrait arrêter une réforme que tout le monde implore comme un moyen de salut, parce que tout le monde voit l'abîme. Qu'on ne croie plus abuser ou tromper les esprits en mettant des noms à la place des choses, ce système est usé, et les plus habiles, de quelques masques qu'on les déguise, de quelqu'habit qu'on les affuble, ne parviendront pas long-temps à donner le change ; et si la chose arrivait, la réaction n'en serait, nous le craignons, que plus terrible. Les électeurs, et qu'ils y songent, ont donc dans leurs mains les destins de la patrie, qu'ils députent à la chambre de dignes et honorables mandataires, qui ne dépendent ni ne veuillent dépendre du pouvoir, qui soient éclairés et incorruptibles ; alors ils auront fait leur devoir, ce sera à leurs représentants de faire le leur. Que les mandats et les pétitions se signent donc de toutes parts et sur les bases suivantes :

L'indépendance et la dignité politique de la France à l'étranger.

La paix, l'ordre, la liberté, et l'économie au-dedans.

La réforme électorale et celle de tous les abus, de tous les priviléges et de tous les monopoles.

Le droit commun.

Le rapport des lois de septembre et de toutes les lois d'exception.

Amnistie pleine et entière ; diminution des charges et des impôts ; vérité et sincérité du gouvernement représentatif en tout et pour tout ; puissance et réalité de l'autorité royale.

P. S. Une nouvelle lettre de M. Guizot à M. le maire de Lisieux, insérée dans les journaux du matin et propre à mettre la situation à jour ne change rien au jugement que nous avons porté sur cet ancien ministre, d'après ses faits et ses écrits. C'est du même point de vue qu'il juge, c'est toujours la question ministérielle qui préoccupe M. Guizot, qui aujourd'hui et sans détour en appelle à sa politique. Laquelle? néanmoins entrant un peu plus avant dans l'état actuel de la France sous ses rapports moraux et matériels, il n'en traite encore que du point de vue philosophique et systématique qu'on lui connaît, il n'indique ni remède, ni moyen applicable hors de ces rationnalités banales et littéraires dont il sème abondamment tous ses écrits, aucunes promesses, aucun engagement, par conséquent, ne découlent de ce nouveau document, par lequel il nous semble s'efforcer au contraire de s'éloigner de plus en plus de la coalition ainsi que des besoins et des exigences chaque jour croissants du gouvernement représentatif

Nous ne croyons mieux faire pour terminer à ce sujet, que d'emprunter aux esquisses parlementaires de Timon le passage suivant sur M. Guizot :

« M. Guizot au lieu de suivre le siècle dans ses ondulations, dans ses » transformations successives et dans ses voies de progrès, a voulu » construire une société de fiction moitié anglaise, moitié doctrinaire, qui » allât tout d'une pièce, et *qui s'en ira tout d'une pièce aussi. C'est une* » *œuvre contre nature !* Le peuple demandera ce que tout cela signifie, » et qu'on lui rende ses comptes. *Alors il se fera des craquements effroya-* » *bles dans cet édifice battu de tous côtés par la tempête démocratique*, et » il faudra déménager au plus vite ; et M. Guizot, ce prétendu con- » servateur sera peut-être le premier à jeter le cri de *sauve qui peut* » général. »

BIBLIOTHÈQUE ROYALE

www.ingramcontent.com/pod-product-compliance
Lightning Source LLC
LaVergne TN
LVHW010251230826
846091LV00007B/2907

* 9 7 8 2 0 1 1 7 8 1 9 5 6 *